AF305444

MIMIQUE.

V. page 13

L'ART

DE CONNAITRE

LES HOMMES

SUR LEURS ATTITUDES, LEURS GESTES
ET LEURS DÉMARCHES;

D'APRÈS LAVATER;

AVEC TRENTE-DEUX PLANCHES COLORIÉES.

A PARIS,

CHEZ SAINTIN, LIBRAIRE,
rue du Foin-Saint-Jacques, n° 11.

MDCCCXXVI.

MIMIQUE.

C'est en examinant les effets que l'on remonte aux causes, et que l'on parvient à les connaître; cette proposition, restreinte aux sciences physiologiques, devient une des bases fondamentales de la connaissance de l'homme; elle prouve, d'une manière incontestable, que dans l'homme tout est en harmonie, et forme un ensemble homogène, et que par conséquent les mouvemens extérieurs sont des résultats de même nature que les sensations et les idées intérieures.

Les différences qui modifient la démarche des hommes, les gestes et les positions qui sont particuliers à certains individus, ne sont donc pas produites par une existence purement animale. Chez les animaux, au contraire, ceux de même espèce ne présentent entre

eux aucune de ces différences si frappantes
parmi les hommes, parce que n'étant pas
doués de la faculté de penser, leurs mouvemens ne sont pas modifiés par leurs idées, et
que leurs sensations n'étant que passagères,
ne peuvent influer d'une manière sensible et
durable sur les mouvemens extérieurs.

Ainsi que l'a dit le célèbre *Lavater*, il existe
une harmonie étonnante entre la physionomie d'un homme, sa voix, ses gestes, sa démarche et son habillement; l'homme sage n'a
point les manières d'un fat, la dévote se met
autrement que la coquette : et pourrait-on
attendre une humeur douce et tranquille de
l'homme qui s'agite sans cesse avec violence;
ou craindre quelque emportement de celui qui
se traîne nonchalamment et à pas lents? Mais
qu'est-il besoin d'accumuler des preuves en
faveur de cette science qui apprend à connaître les homme sur les habitudes du corps?
Ne doit-on pas être convaincu de son exis-

tence et même de son infaillibilité, puisqu'elle est fondée sur ce principe immuable : *Que dans l'homme tout est en harmonie.*

Nous allons rapporter un passage de *Lavater;* il prouvera l'intimité des rapports qui existent entre nos sentimens intérieurs et nos attitudes.

« Le rapport intime qui existe entre nos sentimens intérieurs et nos attitudes, est de la plus grande vérité. Je vais citer, à ce sujet, l'anecdote suivante, tirée des Recherches philosophiques sur le sublime, par *Burke :*

« *Campanella* avait non-seulement fait des observations très-curieuses sur les traits du visage, mais il possédait encore au suprême degré l'art d'en contrefaire les plus frappans. Voulait-il approfondir le caractère de ceux avec qui il était en relation? il en imitait la physionomie, les gestes et toute l'attitude : puis il étudiait soigneusement la disposition d'esprit dans laquelle cette imitation l'avait placé. De cette manière, il était en état de pénétrer les sentimens et les pensées d'un autre, aussi parfaitement que s'il avait pris la place et la forme de cette personne. Ce qui est certain (continue *Lavater*) et ce que j'ai souvent éprouvé sur moi-même, c'est qu'en imitant les traits et les gestes d'un homme colère ou doux, hardi ou timide, je sens en moi un penchant involontaire à la passion dont je tâche d'emprunter les signes extérieurs. Bien plus, je suis convaincu que la chose est presque inévitable, quand même on s'efforcerait d'abstraire la passion des gestes qui lui sont propres.

« *Campanella* était tellement le maître de détacher son attention des maux physiques les plus violens, qu'il aurait souffert même la question sans éprouver de grandes douleurs. D'un autre côté, si par des raisons particulières le corps n'est pas disposé à imiter tel geste, ou à recevoir telle impulsion, qui est le résultat ordinaire d'une certaine passion, il n'est pas

susceptible non plus de cette même passion,
quand même elle serait excitée par les causes
les plus décisives. C'est ainsi que l'opium
ou une liqueur forte suspend, pour quelque
temps et en dépit de tous les obstacles, l'effet
de la tristesse, de la crainte ou de la colère;
et cela, uniquement parce que le corps est
mis dans une disposition contraire à celle qui
est produite par ces passions. »

Lavater regarde comme autant d'axiomes
les propositions suivantes :

1° La proportion du corps et le rapport qui
se trouvent entre ses parties déterminent le
caractère moral et intellectuel de chaque in-
dividu ;

2° Il y a une harmonie complète, entre la
stature d'un homme et son caractère. Pour
mieux s'en convaincre, il est bon d'étudier
les extrêmes, les géans et les nains, les corps
trop charnus ou trop maigres ;

3° La même convenance subsiste entre la

forme du visage et celle du corps ; l'une et l'autre de ces formes est en accord avec les traits de la physionomie : et tous ces résultats dérivent d'une seule et même cause ;

4° Un corps orné de toutes les beautés de proportion possibles, serait un phénomène tout aussi extraordinaire qu'un homme souverainement sage et souverainement vertueux ;

5° La vertu ou la sagesse peuvent résider dans toutes les statures qui ne s'écartent point du cours ordinaire de la nature ;

6° Mais plus la stature et la forme seront parfaites, et plus la sagesse et la vertu y exerceront un empire supérieur, dominant et positif ; au contraire, plus le corps s'éloigne de la perfection, et plus les facultés intellectuelles et morales y seront subordonnées et négatives ;

7° Parmi les statures et les proportions, comme parmi les physionomies, les unes nous attirent universellement, et les autres nous repoussent ou du moins nous déplaisent.

PLANCHE Ire.

C'est principalement par l'effet que produit sur l'homme une cause extérieure quelconque, qu'on parvient à le connaître. La planche n°. 1 le prouve ; nous ne doutons pas que le lecteur n'assigne avec justesse, à chacun des quatre personnages qu'elle représente, le caractère ou plutôt le tempérament qui lui est propre. Occupés à considérer un tableau représentant *Calas* recevant les derniers adieux de sa famille, ils sont différemment affectés par ce spectacle. Le *bilieux*, dont tous les traits expriment la colère, fermant les poings et fronçant les sourcils, paraît maudire ces juges iniques qui condamnèrent un vieillard innocent à expirer dans les tourmens. Les sentimens du *sanguin* sont plus doux ; il considère cette famille malheureuse, et il essuie des pleurs que fait couler la sensibilité. La tristesse qu'inspire ce spectacle douloureux , ajoute à celle qui est naturelle au *mélancolique* : mais cette tristesse n'est point expressive comme celle du sanguin : concentrée en lui , elle n'en devient que plus amère, et les réflexions que lui inspire ce qu'il voit, ajoutent à sa noire misanthropie.

Le *flegmatique* est le moins affecté ; il regarde d'un œil tranquille ce tableau, qui n'est qu'un tableau pour lui ; sa froide et stérile imagination ne le transporte pas au milieu d'une famille désolée ; les larmes qu'elle verse ne pénètrent point jusqu'à son cœur ; et il sent trop froidement pour apprécier ce mélange de résignation, de calme et d'innocence qui brille sur le visage du vénérable vieillard.

PLANCHE II.

Confusion d'un misérable sans cœur et sans honneur.

PLANCHE III.

Délibération d'un homme qui n'est pas fait pour réfléchir. Un tel homme a beau faire; en vain s'efforcera-t-il de fixer son attention, rien ne sera capable d'animer ses esprits engourdis; et plus il tâchera de leur donner le mouvement nécessaire pour faire jouer les ressorts du cerveau, d'où naissent la pensée et la réflexion, plus il sentira son incapacité.

PLANCHE IV.

Cette attitude annonce un homme incapable de beaucoup de réflexion, et qui porte une attention momentanée vers un objet qui ne le touche que médiocrement.

PLANCHE V.

Jamais l'homme modeste et sensé ne prendra une pareille attitude dans quelque cas que ce soit; et si par hasard son attention, fortement excitée, l'obligeait à lever la tête, il ne croiserait pas ainsi les mains sur le dos; ce maintien suppose nécessairement de l'affectation et de l'ostentation, surtout avec une

4

telle physionomie qui n'est pas désagréable,
mais qui n'est pas celle d'un penseur, ni
même celle d'un homme capable de réfléchir;
car cette capacité seule est déjà une qualité
infiniment rare.

PLANCHE VI.

Cette figure appartient à cette classe de gens qui veulent s'accréditer à force de prétentions. En général, on peut dire de cette figure et de la précédente, qu'ils se donnent des airs, ou, en d'autres termes, que ce sont des têtes éventées. Plus ces sortes de messieurs s'en font accroire, et plus nous sommes tentés de leur ôter ce qu'ils peuvent avoir de mérite réel.

J

PLANCHE VII.

Manque total d'énergie, idiot à demi, pour ne pas dire davantage.

PLANCHE VIII.

Celui-ci l'est en plein. Réduit à son néant, il s'applaudit en lui-même avec une joie plus qu'enfantine ; il rit comme un sot et sans savoir pourquoi. Jamais il ne parviendra à former et à suivre une idée raisonnable.

PLANCHE IX.

Prétention ridicule d'un important, qui exerce son empire sur un caractère humble et timide. N'en doutez pas, toute prétention suppose un fonds de sottise et de nullité. Attendez-vous à rencontrer l'un et l'autre dans toute physionomie disproportionnée et grossière, qui affecte un air d'autorité. La nature n'a formé qu'à demi certaines têtes d'idiots; la moitié du visage a été faite aux dépens de l'autre moitié, et il ne s'agit que de voir laquelle des deux l'emporte. Est-ce le bas qui augmente et grossit? la masse des facultés intellectuelles diminue à mesure; tout se convertit en chair, et l'homme devient insupportable. Cependant l'esprit conserve encore une sorte de réminiscence de sa

9

première énergie, et ce souvenir lui inspire de la présomption, sans le rendre ni plus éclairé ni meilleur. Un personnage de cette espèce, prend un ton d'empire et de supériorité à l'égard d'un être faible et délicatement organisé ; il ne pense qu'à l'humilier ; il est insensible à ses peines ; plus celui-ci devient petit et plus l'autre se gonfle.

PLANCHE X.

Une telle manière d'écouter ne peut annoncer qu'un caractère méprisant joint à beaucoup de prétentions.

PLANCHE XI.

Rudesse d'un homme de la lie du peuple, au moment où il va donner l'essor à sa fureur grossière.

PLANCHE XII.

Prenez cette figure depuis le haut jusqu'en bas, elle doit nécessairement réveiller en vous l'idée d'un flegmatique achevé. Nulle force dans les traits, nulle tension dans les contours ; partout le même degré d'assoupissement, de timidité et de nonchalance. A coup sûr, vous n'attendrez ni de grandes entreprises, ni de vastes projets, d'un caractère aussi simple, aussi timide, aussi paisible, aussi insouciant. Pourvu qu'on lui laisse ses aises, pourvu que rien ne trouble sa tranquillité domestique, le monde entier pourra être en activité et en agitation autour de lui, il ne s'en mettra pas en peine ; et certainement un tel caractère ne fera jamais de révolution dans son pays.

PLANCHE XIII.

Cette figure annonce un fat, un écervelé,
un petit-maître, un homme dont la société
est également insipide, ennuyante et fâ-
cheuse ; un esprit incapable de sentir soit le
grand, le beau, soit le simple, le naïf ; un
être qui, dans le commerce du monde, à la
cour et dans son particulier, sur le théâtre et
devant son miroir, ne sera jamais qu'un sot
achevé, qui passe sa vie dans une éternelle
enfance, n'estimant rien et n'étant estimé de
personne.

PLANCHE XIV.

Méditation d'un homme du monde qui dirige toutes ses ruses et tout son esprit de calcul vers un point unique.

PLANCHE XV.

Ces petits yeux, cet air soucieux, inquiet, ce front ridé, désignent assez l'*avare*; ses mains tournées vers ses goussets annoncent la crainte qu'il a de perdre son or.

PLANCHE XVI.

Au premier coup-d'œil on reconnaît dans cette figure l'homme qui s'est livré aux honteux excès de l'intempérance.

Une quantité modérée de vin excite notre gaîté, établit une circulation plus vive, et nous aide à développer nos idées. Les sensations agréables que nous éprouvons nous portent à la confiance et aux épanchemens de l'amitié. Aussi, comme l'a judicieusement observé un auteur physiologiste, les gens bilieux, faux, égoïstes et méchans, n'aiment pas à se livrer aux douces émotions que produit le vin, et sont en général très-sobres.

Mais il y a encore loin de cet état à cette espèce de délire qui nous ôte la faculté de réfléchir, et qui apporte une telle confusion

lans nos idées, que nos paroles s'en ressen-
tent. Bientôt l'homme tombe dans une espèce d'inertie qui lui ôte presque l'usage de
toutes ses facultés. La raison l'abandonne
totalement; et alors, au-dessous de la brute,
dont il ne lui reste pas même l'instinct, il
devient un objet de mépris.

PLANCHE XVII.

Grimace d'un fat impertinent.

Un homme absolument dénué d'esprit, d'énergie interne, et plein de prétentions, est-il pourvu d'un de ces avantages étrangers et insignifians qui ne donnent pas à l'homme un sentiment réel de son propre mérite, et dont la jouissance dépend de l'effet qu'il produit sur les autres ; alors le maintien tranquille et concentré du véritable orgueil dégénère en faste et en ostentation ; car peu satisfait de se donner un air important en silence, il se pavane, le corps se place sur des jambes fortement écartées, les bras et les mains vaguent et s'agitent au loin, la tête et tout le corps se jettent en arrière.

PLANCHE XVIII.

Indifférence flegmatique d'un caractère qui ne s'est jamais livré profondément à une méditation abstraite.

Des mains réunies sur le dos, et par conséquent plus éloignées du prochain développement de leur activité, indiquent ordinairement beaucoup de flegme ; cependant l'homme vain prend quelquefois cette attitude (*Voy*. Pl. v et vi); mais alors il porte la poitrine et la tête en arrière.

PLANCHE XIX.

Affectation théâtrale d'un homme orgueilleux et vide de sens, qui veut se donner des airs.

Lorsque l'orgueilleux place une main dans sa veste, il préfère la placer très-haut sur la poitrine; et si l'autre reste libre, il la place sur le côté, en faisant avancer la seconde. Sa tête est jetée en arrière; la distance des pieds est fort grande, ou, si l'un des pieds sert d'appui au corps, l'autre est fort loin.

PLANCHE XX.

La nullité et la curiosité hébétée caracté-
risent cette figure. Cet homme ne tient à
rien; et, par un effet de sa stupidité naturelle, ne peut s'attacher à rien. Le corps se
ressent de la condition de l'ame, et l'exprime:
de là cette bouche béante et fanée, cette attitude insipide, ces bras pendans, et cette
main gauche tournée en-dehors sans qu'on
en devine le motif. Tout est d'accord ici, et
chaque partie séparée confirme la triste idée
que nous avons prise de l'ensemble.

7

PLANCHE XXI.

La démarche d'un sage est sûrement différente de celle d'un idiot, et un idiot est assis autrement qu'un homme sensé. L'attitude de ce dernier annonce ou la méditation, ou le recueillement, ou le repos ; l'imbécille reste sur sa chaise sans savoir pourquoi ; il semble fixer quelque chose et cependant son regard ne porte sur rien ; son assiette est isolée comme lui-même.

Que l'on compare cette figure à la précédente, et l'on sera frappé des rapports qui existent entre elles.

PLANCHE XXII.

Faux semblans d'indifférence d'un homm
content de lui-même.

PLANCHE XXIII.

Attitude d'un homme qui est aux écoutes :
on ne lui attribuera certainement ni beaucoup d'intelligence, ni une grande délica-
tesse; c'est un caractère méprisant et peu
sociable.

PLANCHE XXIV.

Ironie du trompeur aux dépens de sa dupe.

PLANCHE XXV.

La démarche et l'attitude de cette figure annoncent de la suffisance et des prétentions; un certain air de contentement de soi-même qui règne sur ce visage, décèle beaucoup d'amour-propre.

PLANCHES XXVI et XXVII.

Deux femmes qui annoncent toute la faiblesse de leur sexe. La vieille a l'air d'être
aux écoutes ou de s'être égarée dans quelque
rêverie ; la jeune est nonchalamment assise ,
comme pour se délasser à son aise. Ces deux
personnes semblent relever de maladie et réfléchir sur leur état ; la jeune avec satisfac-
tion, la vieille comme si elle calculait le
compte de son médecin. Cette dernière a l'air
d'une excellente mère de famille, d'une bonne
ménagère ; et la jeune , bonne par instinct ,
paraît incapable de faire du mal à qui que ce
soit : elle est d'une organisation infiniment
délicate, et ses facultés se bornent aux choses
ordinaires de la vie.

PLANCHE XXVIII.

C'est ainsi que marche un homme affairé.

Ces sortes de personnes paraissent toujours accablées d'affaires , et cependant perdent un temps précieux à s'occuper de minuties : elles ont souvent les mains embarrassées de papiers, et leur démarche rapide ressemble à une course.

Tout annonce en eux un esprit actif; ils voudraient que les mouvemens de leur corps suivissent la rapidité de leurs pensées ; aussi écrivent-ils en général fort vite et fort mal.

28

PLANCHE XXIX.

Homme emphatique, et dont la démarche théâtrale annonce un de ces caractères qui, dénués des vrais talens, veulent se donner des airs d'importance. Il tâchera de persuader quelqu'un plutôt par l'emphase qu'il mettra dans ses discours et par les gestes dont il les accompagnera, que par la solidité de ses raisons.

PLANCHE XXX.

Faiblesse, prétentions, insensibilité, voilà les caractères que présente cette figure : on y retrouve une partie des caractères qui appartiennent à celle de la Planche ix ; mais celle-ci offre de plus l'empreinte de la dureté.

PLANCHE XXXI.

Homme d'un esprit fade, quoique d'un caractère doux, modeste et réservé.

PLANCHE XXXII.

Celui-ci est un homme très-ordinaire, qui a tourné toute son attention vers un objet assez indifférent.

DE L'ÉCRITURE.

Tous les mouvemens de l'homme sont modifiés par le tempérament et par le caractère; ses moindres actions en portent l'empreinte : c'est ce que nous avons déjà prouvé , et nous allons encore avoir occasion d'appliquer ce principe.

De tous les mouvemens du corps , il n'en est pas d'aussi variés que ceux de la main et des doigts; et de tous les mouvemens de la main et des doigts, les plus diversifiés sont ceux que nous faisons en écrivant. Combien le moindre mot jeté sur le papier ne renferme - t - il pas de points différens et de courbes !

La diversité des écritures mérite quelque attention. Il n'est pas douteux qu'elles n'aient leur physionomie particulière ; et cela est si vrai que , dans les crimes de faux , elle sert de guide aux tribunaux pour constater la vérité.

Il s'ensuit donc que chacun de nous a son écriture propre, individuelle, inimitable, ou qui du moins ne saurait être contrefaite que très-difficilement et d'une manière très-imparfaite ; et cette diversité incontestable des écritures est fondée sur la différence réelle du caractère moral.

Il y a aussi une écriture nationale tout comme il y a des physionomies nationales , dont chacune retrace quelque chose du caractère de la nation, et dont chacune diffère pourtant de l'autre. Tous ceux qui ont un commerce de lettres un peu étendu dans l'étranger, pourront vérifier la justesse de cette remarque. Il en est de même des écoliers d'un maître d'écriture ; ils auront tous une main qui se ressemble , et cependant chacun d'eux y mêlera une manière qui lui est propre, une teinture de son individualité; rarement se bornera t-il à une imitation tout-à-fait servile.

Il existe les mêmes rapports entre notre écriture et notre démarche, qu'entre notre démarche et notre caractère. Cet axiome ne sera pas considéré comme un paradoxe, si le lecteur veut se rappeler ce principe fondamental de la physiognomonie, que *dans l'homme, tout est en harmonie.*

Mais les caractères moraux que présente l'écriture, sont bien plus difficiles à interpréter que ceux que nous fournissent les traits du visage ou les attitudes du corps : on ne devrait considérer les premiers que comme des moyens accessoires qui doivent ajouter un nouveau poids aux indices que nous fournissent les derniers.

Cependant nous allons développer quelques analogies frappantes qui se trouvent entre le caractère de quelques hommes et leur écriture.

Une écriture lâche et vacillante annonce souvent un caractère dénué d'énergie : telles sont la plupart des écritures de femme.

Une écriture petite et bien rangée désigne constamment un esprit ami de l'ordre, et très-souvent même minutieux.

En général les avares écrivent fort mal, ainsi que les auteurs et particulièrement les poètes : le désir d'augmenter leur fortune distrait les premiers et les empêche de se livrer à tout autre soin : les seconds voudraient suivre en écrivant la rapidité de leurs idées, ce qui nuit nécessairement à la beauté des caractères qu'ils tracent.

DU DESSIN

ET DU COLORIS.

Chaque dessinateur et chaque peintre se reproduit plus ou moins dans ses ouvrages ; on y démêle quelque chose de son extérieur et de son esprit. Que cent peintres, que tous les écoliers d'un même maître dessinent la même figure, que toutes ces copies ressemblent à l'original de la manière la plus frappante, elles n'en auront pas moins chacune un caractère particulier, une teinte et une touche qui les feront distinguer.

Il est étonnant jusqu'à quel point le personnel des artistes reparaît dans leur style et dans leur coloris. Tous les peintres, dessinateurs et graveurs, qui ont une belle chevelure, excellent presque toujours dans cette partie ; et ceux d'entre eux qui portaient autrefois la barbe longue , ne manquaient jamais de présenter dans leurs tableaux des figures ornées d'une barbe vénérable, et de la travailler avec soin. Une comparaison réfléchie de plusieurs yeux et de plusieurs mains dessinés par un même maître, pourra souvent faire juger de la couleur des yeux de l'artiste et de la forme de ses mains. *Van-Dick* nous en offre la preuve. Dans tous les ouvrages de *Rubens*, on voit percer l'esprit de sa physionomie; on y reconnaît son génie vaste et productif, son pinceau hardi et rapide qui ne s'astreignait pas à une exactitude scrupuleuse: on sent qu'il s'atachait de préférence et par goût au coloris des chairs et à l'élégance de la draperie. *Raphael* se plaisait surtout à perfectionner ses contours. La

même chaleur et la même simplicité domi-
nent dans tous les tableaux du *Titien*. Le
même style passionné dans ceux du *Cor-
rège ;* et ce génie poétique qui règne dans les
tableaux du *Poussin*, n'annonce-t-il pas le
peintre du sentiment ? Pour peu qu'on fasse
attention au coloris de *Holbein*, on ne doute
presque pas qu'il n'ait eu le teint d'un brun
fort clair; *Albert Durer* l'avait probablement
jaunâtre, et *Largillière* d'un rouge vermeil.

Nous ne nous étendrons pas davantage sur
cet objet ; les réflexions du lecteur y sup-
pléeront.

LE STYLE.

Si jamais chose au monde peut servir à faire connaître l'homme, c'est son style. Tels nous sommes, tels nous parlons et tels nous écrivons. Le physionomiste dira un jour, à la vue d'un orateur, d'un homme de lettres : C'est ainsi qu'il parle, c'est ainsi qu'il écrit. Il dira un jour, sur le son de la voix d'un homme qu'il n'a pas vu, sur le style d'un ouvrage dont il ignore l'auteur : Cet inconnu doit avoir tels et tels traits ; une autre physionomie n'est pas faite pour lui. Chaque ouvrage porte le caractère de son ouvrier. Un homme dont le front est allongé et perpendiculaire, aura toujours un style sec et dur. Un autre dont le front est spacieux, arrondi , sans nuances, et d'une construc-

tion délicate, écrira coulamment et avec lé-
gèreté ; mais il n'approfondira et ne sentira
rien. Celui dont les sinus frontaux sont fort
saillans , pourra se faire un style coupé ,
sentencieux et original ; mais vous ne trouve-
rez pas , dons ses compositions, la liaison ,
la pureté, l'élégance qui distinguent les bons
écrivains. Enfin , avec un front médiocrement élevé , régulièrement voûté , et dont
les angles sont doucement marqués près de
l'os de l'œil , avec un tel front, dis-je, on
mettra dans ses ouvrages de la vivacité et de
la précision, de l'agrément et de la force.

FIN.

DE L'IMPRIMERIE DE J.-M. EBERHART.

www.ingramcontent.com/pod-product-compliance
Ingram Content Group UK Ltd.
Pitfield, Milton Keynes, MK11 3LW, UK
UKHW022037170726
13837UKWH00002B/656